바람의 아픔

천상례 시집

청옥

시인의 말

그동안
여행 떠난 시를 불러
다듬고 고치어
한 권의 시집을 만들었습니다.
부족한 모습을
밖으로 보이기까지
격려와 용기 주셨던 분들과
든든한 힘이 되어 주었던 가족에게
시집으로 감사한 마음을 전합니다.

2017년 8월

천상례

차 례

제1부

11 __ 그리움에도 이별이 있을까
12 __ 바람의 아픔 1
13 __ 바람의 아픔 2
14 __ 녹차 체험
16 __ 기도 1
17 __ 기도 2
18 __ 내가 만난 시인은
20 __ 짝사랑
21 __ 모정
22 __ 이와 이별
24 __ 시간의 창 앞에서
25 __ 잠 못 드는 밤
26 __ 오늘도 당신은
28 __ 숲길에서
30 __ 어설픈 위로
31 __ 인생의 끝자락까지
32 __ 청빈의 하늘을 바라보며
34 __ 나의 사랑들아
36 __ 가을에는 마음을 씻고
37 __ 그리운 오월
38 __ 사랑하는 마음
40 __ 전할 수 없는 말
41 __ 가을

제2부

빗장을 열며 _ 45
시간 여행 _ 46
예감 _ 48
한 잔의 커피와 함께 _ 49
가을인데 _ 50
저무는 들길에 이 마음을 _ 52
풀벌레의 시 _ 53
달팽이를 생각하다 _ 54
먼 훗날 _ 55
까꿍 소통疏通 _ 56
4월의 숲에서 _ 58
오월의 아침 _ 59
서현의 선물 _ 60
말의 소중함을 잊어버린 날 _ 61
봄 _ 62
물은 _ 63
하루를 시작하기 위하여 _ 64
그날은 _ 66
엄마의 시간 1 _ 68
정인가 봅니다 _ 70
엄마의 시간 2 _ 71
배움 _ 72

제3부

77 __ 향수
78 __ 돌아갈 수 없는 길
80 __ 개망초
82 __ 시간
83 __ 바람의 소식
84 __ 거제 몽돌 바다에서
85 __ 장미
86 __ 잘난 체
87 __ 묵언
88 __ 멀지 않아
89 __ 윤회
90 __ 노송
91 __ 지금은 사랑 중
92 __ 건망증
94 __ 인연의 흔적
96 __ 이룰 수 없는 소원
97 __ 기억하세요
98 __ 나의 시
99 __ 보내지 못한 편지
100 __ 고맙습니다
102 __ 끝없는 기다림
104 __ 세월이 지나도
106 __ 경솔함

제4부

지독한 끈기 __ 109
언제 다시 누려보나요 __ 110
봄이라서 __ 112
족발 가게 아저씨 __ 113
커피 한 잔의 행복 __ 114
이기대에서 __ 116
병문안 __ 118
그리움이 될 잔소리 __ 120
잘 닦아야겠다 __ 121
갈치구이 __ 122
춘몽이었다 __ 124
산책 __ 125
빈집 __ 126
나만의 여백 __ 128
나의 초상화 __ 130
나무가 된다 __ 132
기다림 __ 133
지킴이 __ 134
꿈이었네 __ 135
어느 마음 아픈 날 __ 136
잊고 있었던 시간 __ 137
당신의 집 앞에서는 __ 138
민들레 __ 139
예쁜 내 사랑 __ 140
노을 길을 걸어서 __ 142

해설: 사랑과 기도의 깊이와 서정의 내면화, 임종성 __ 143

제1부

그리움에도 이별이 있을까

있는 듯 없는 듯
지나 놓고
한참 뒤에야
보이는 세월
속정 깊은 친구처럼
함께 가고 있네

앞만 보고 가는
냉정한 시간
그 속에서도
꽃은 피어나
아름다운 향기를
세상에 뿌려주고

인생사 만남과 사랑
그리고 이별
이별이 선물로 준
그리움 하나

그리움에도 이별이 있을까

바람의 아픔 1

바람의 아픔을
창은 대신 울어 준다

누구의 힘들고 고단한
삶을 보았기에
온몸으로 통곡하고 있느냐

답답한 가슴을
파고드는 아픈 소리
덜커덩 창이 우는 소리

우리가 볼 수 없는 슬픔을
홀로 본 날의 고통이여

나는 귀를 열련다
가슴도 활짝 열어야겠다

그리하여
홀로 우는 바람의 아픔을
창을 붙들고 위로해 주련다

바람의 아픔 2

세상을 돌아다니며
아픔을 위로하다
수많은 아픔을 간직한 바람

오늘 밤은
가로등 불빛 아래서
고단함의 옷을 벗으며
행복의 옷으로 갈아 입는
가장의 어깨를 부드럽게
다독여 주고 있네

그 누구도
아프지 않은 그날까지
바람은
세상의 아픔 속에서
잠이들고 잠이 깬다

녹차 체험

차의 맛과 향이 멀리 달아날 까 봐
손은 맑은 물에 깨끗이 씻고
마음은 청빈에 깨끗이 씻고
어린 순을 정성으로 딴다
제한된 시간에 생기는 욕심
그럴 때마다 마음의 죽비로 충동을 다스린다
생 찻잎 하나를 먹으니
쌉싸레함 뒤에 오래 남는 은근함
입안을 가득 채우는 단맛의 긴 여운
이래서 차를 시처럼 음미吟味하는가 보다
찻잎이 놀라지 않을 정도의 약한 불에서
덖어지는 오묘함은 신선의 향기인가
한 번 두 번 세 번 나이를 먹는 것 처럼
향의 느낌도 달라서
이승의 삶이 저승의 삶이 되는 듯
층층 만 층 구만 층의 계단이 생각나고
과거와 미래 그리고 현재가 무겁게 느껴진다
찻잎은 가벼워지고 향기는 익어서 구수하여라
여덟 번 마지막 아홉 번

제 몸을 뜨거움에 달구어 완성한
구증구포 인내의 향기를 가지고 싶어
죽비의 가르침을 잊고
고행 없는 마음이 욕심을 내고있다

기도 1

하나님은 제 기도를
너무 잘 들어주시어
대상포진처럼
지독히 아픈 기억을
지워 주십시오 하고 말씀드렸더니
모든 기억이
아픔인 줄 아시고
돌아서면 바로 지워 주신다
하나님
제가 하늘나라 갔을 때
이승에서의 잘못도
모두 지워주시면 안 될까요

기도 2

고요와 이슬로
깊이를 채운
잔잔한 호수를 지나
당신께 갑니다

한 손엔
잘못을 들고
한 손엔
회초리를 들고 갑니다

잘못을
누구 때문이라
변명하지 않게 하시고
참사랑이 부족한
제 탓이라 말씀드리며
참회를 하게 하여주십시오

내가 만난 시인은

물이 첫 길을 나설 때
순리와 원칙의 길 따라가듯이
시인의 첫인사도
본심의 순수함이 주제가 되어
맑고 아름답다

하늘 전부가 새의 길처럼
정도의 길을 가는 순례자처럼
엉켜진 실을 풀어
정성으로 옷을 짜는
여인의 따뜻한 손길처럼
원인에서 결과를 보고
결과를 보아 원인을 찾아가는
시인의 깊은 사려를 본다

꽃에게 상처를 주지 않고
꿀을 따는 벌과 같이
상대의 부족함도 아프게 건들지 않고
잠시 멈추어

정리 정돈할 수 있는 시간
기다림의 미덕을 본다

나는 긴 시간이 걸릴 것 같다
완성한 청자를 품에 안은 도공의 기쁨
그 순간의 희열을 알기까지
불가마 앞에서 얼마큼 가슴을 달구어야
청자빛 시인의 내공이 될까.

짝사랑

너에게만
아닌 척
모르는 척
새침한 척

복숭아 빛
얼굴에
이미
써 놓은
사랑 고백

가슴에
꼭꼭 숨겨도
금방
들켜버릴 짝사랑

모정

하늘길 먼저 간 자식
보고픈 마음
깨고 쪼아서
높이 쌓아 올린 돌탑

모정이
부엉이 울음과 함께
탑을 돌면
달빛도 뒤 따르고

걸음마다 고이는 그리움
치마폭에 한가득
가슴에 한가득
세월에 한가득

이와 이별

아프다고 투정 부리던
이를 뽑으면서

마음속에 숨어서
울기만 하던 슬픔도
함께 뽑혔으면 하고 바랬지만
서로 본질이 다른지
결국 뽑히지 않았고

작은 이 하나가
빠져나간 곳에는
오십여 년의 동고동락이
순간 허무로 무너져 내리고
빈자리를 채우려
낯선 이가 들어와
어색한 터를 잡을 테지

영원한 이별
그 후에 아픈 미련

미리 알았더라면
오해로 인한 감정
화해로 풀지 못함을
후회하지 않았을 것인데

시간의 창 앞에서

무심히 지나는 길에서도
일으켜 줘야 할 사랑은 있어
눈 마주하고 손잡아 주면
먼 훗날 회상의 나무에
행복의 꽃 선명히 피어 있겠죠

흰 머리카락에 주름진 모습
마음의 눈으로
아름답게 바라볼 수 있다면
노을의 강 언덕에서
나는 한없이 행복하겠소

노을의 끝자락을 미소로 놓으며
기쁨으로 어둠을 맞고 싶소
별이 하나 둘 빛나기 시작하는
영원한 내 시간의 창 앞에서

잠 못 드는 밤

한밤중 지나가는
아스팔트 위 차 소리가
세상의 길에서 만나는
휑한 울림으로 달려들면
아침을 기다리는 어둠도
먼 길에 쉴 곳을 찾고

하루의 성실로
삶을 완성시키는 풀벌레
별을 향하여 부르는 노래는
맑아서 푸른 빛 되고
물소리 나는 시가 된다

잠 못 들어 뒤척이는 밤
주어진 하루를
미완의 길에 두고서
번뇌를 풀어 다시 번뇌를 짜며
윤회로 돌아올 길을
걸어가고 있는 나

오늘도 당신은

오늘도 당신이
손잡아 주지 않았다면
쓰러져 일어날 수 없는
가파른 삶의 길

저 높은 절벽
손이 닿지 않는 곳에
바람을 닮은 하얀 꽃
해탈로 눈부시고
나의 삶은
투정으로 번민이 되고

넘어지고 쓰러져도
제자리에 머물 수 없고
되돌아갈 수 없는 인생길

언제나 손 내밀어
일으켜 주시는
당신이 계시기에

오늘도 삶의 어깨에는
희망의 날개가
돋아나고 있는가 봅니다

숲길에서

매미와 풀벌레가
음을 맞추며 노래를 만드는
여름의 숲길을 걷다 보면
오래된 낙엽 냄새와
싱그러운 풀향기를 만나고
심정의 샘에서는
맑은 사색이 솟기도 합니다

어린 열매가 큰 열매로
단단하게 영글어 가는
나무의 대견함도 만나고
들려오는 자연의 소리가
설법되어 귀문을 열어 주면
바위틈을 지나 햇살 담은 물이
눈을 맑게 씻깁니다

심연의 연꽃 같은 선문답이
기도가 되는 숲길에서
자연의 모든 것이

아름다움으로 오기까지
그들의 지순한 노력을 생각하며
어둠에 몸을 숨긴 미물에게도
사랑의 마음이 생깁니다

어설픈 위로

슬픔을 위로한다면서
상처되는 말은 하지 않았는지
진심 없는 행동은 하지 않았는지

침묵이 바람 없는 촛불 되어
흔들리는 마음을 밝힐 때
씻어내지 못하여 쌓인 번뇌
자비의 빛으로 씻어 주소서

다독이는 손길의 따뜻함이
봄 햇살처럼 가슴에 전해져 올 때
깊은 상처의 슬픔도
조금씩 아물어지지 않을까요

얕은 마음이
상처의 깊이를 제대로 모르면서
설부른 위로는 하지 않았는지
아물어 가는 상처
도리어 덧낼까 두려워지는
어설픈 위로

인생의 끝자락까지

당신과 함께 세상 길을 걷다가
해 지고 어둠이 깃든 언덕에서
별을 보고 있습니다

꽃피어 창이 밝았던 날이
엊그제였던가
향기 마당에 가득한 날이
엊그제였던가
단단한 열매 맺어 웃음꽃 피던 날이
엊그제였던가

바람과 햇살에 여물은 씨앗은
제 집 하나 마련하기 위하여 떠나가고

떠오르는 해는 시작으로 아름답지만
마무리를 마친 석양의 흔적도
황홀하게 아름답습니다
바쁘게 살아왔습니다
인생의 끝자락 여기까지

청빈의 하늘을 바라보며

눈부시게 시린 파란 물감 같은 하늘
맑고 파란 하늘을 들여놓기 위하여
먼지 낀 창을 닦아야겠다
그리고 먼지로 얼룩진 내 마음도

어린 날 교실 복도 유리창 틀에 걸터앉아
호오호 가슴 깊은 곳에서 불어내던 입김으로
뽀드득 소리가 나도록 문지르던 맑은 동심
면경같이 환하게 빛나던 유리창

세월을 탓하지 말자
세상을 탓하지 말자
얼룩진 나의 마음의 때는 내 탓이니
세월을 탓하고 세상을 탓하느라고
마음을 닦지 못한 나의 잘못이니
이제야 진정 나를 똑바로 보려고 하니
마음의 길이 어두워져 잘 보이지가 않네

청빈의 하늘에 파란빛을 누가 가져다 놓았는가
구름이 지나갔고 바람이 지나갔고
그리고 새들이 지나갔는데
나는 맑고 푸른 동심을 무심히 버리며 어른이 되었고
그들은 내가 버린 동심을 소중히 가져다 놓았네
저 높은 하늘에 곱게 가져다 놓았네

늦은 회한의 나이에 눈부신 하늘을 올려다보니
그 옛날 맑고 푸른 동심이 뛰어놀고 있네
아름답고 순수하던 나의 동심이
초로草露의 주름진 나를 애처로이 바라보고 있네

나의 사랑들아

하늘의 문을 살며시 열고
붉게 솟아오르는
찬란한 아침 해와 손잡고
희망의 돗자리를 깔아주는
나의 사랑들아

해맑은 너희의 웃음소리가
대지를 흔들면
이슬은 잠에서 깨어나
눈부신 햇살을 들이고
풀무치 젖은 날개 사이로
부드러운 바람이 든다

맑은 눈망울은
세상의 이치를 잘 알기에
너희의 언어는
저 높은 하늘에서만
만들 수 있는 순백의 눈처럼
땅에서만 싹틀 수 있는
봄날의 고운 씨앗이어라

작은 씨앗 하나가 새싹이 되면
산과 들은 푸르고
꽃은 아름답게 피어나
천지는 사랑의 향기로 가득하리니
잊지 말고 기억하여라
너희가 가꾸고 피워낸 사랑이
영원히 빛날 수 있도록
소중하게 가꾸어 가거라
나의 사랑들아

가을에는 마음을 씻고

푸석하게 바람 든 무처럼
가슴에 구멍이 숭숭 뚫리면
지난날을 돌아보며
숙연해지는 나이 어쩔 수 없습니다

가슴이 찬 서리 맞은 것도 아닌데
시리고 아픈 것은
겨울을 지낼 따뜻한 사랑방 하나
마련 못 한 까닭입니다

가을 청빈의 하늘에는
진실과 위선을 가려내는
양심의 성찰이
무섭게 노려보고 있기에

마음을 씻고
향기 나는 바람으로 닦아야겠습니다

그리운 오월

우리의 가슴에
초록 물 드는 싱그러운 오월
자유와 평화의 꽃도
색색으로 아름답고

아주 먼 옛날
누군가 묻어둔 사랑의 향기가
오월의 숲에서는
변함없이 살아나고 있네

풀잎 사이를 지나는 바람은
둥글어 상처를 내지 않고
쉼 없이 뛰는 맥박과 생동은
높고 푸르게 날고

먼저 간 발자국의 이정표가
머리에서 가슴까지
심성에 맑은 물길로 흐르는
그리운 오월

사랑하는 마음

사랑하는 마음이
보이지 않는다니
참으로 이상합니다

가을 하늘이 이렇게 맑고
투명한데도 볼 수 없다니
아. 슬픈 일입니다

출렁거려 넘치는 그리움
돌처럼 가라앉은 그대의 침묵
보이지 않는 것에 대한 연민

사랑은 혼자서 헐떡여도
좋기만 하는 것인가 봅니다
아기가 장난감을 가지고 놀 듯이
그대를 향한 그리움으로
하루를 살았습니다

그래서 사랑은
기쁘기도 슬프기도 행복하기도
그리고 아프면서도
한없이 좋은가 봅니다

전할 수 없는 말

세상의 악기들은
제 소리에 귀 기울이며
고요를 파고들어 심금이 되고
나의 사랑 노래는
울림 없는 종처럼 깊지 못하여
짧은 꼬리를 가진 바람으로
가다가 사라져 버리네

떠난 소리를 잡지 못하는
갈라진 악기처럼
사랑한다는 말을
바람에게 수없이 전하여도
이별의 마음은 빛보다 빨라서
사랑한다는 말 전하지 못하고
가슴에 묻고 말았네

가을

가을바람은 산등성이를 타고
나뭇잎은 바람의 단맛으로
곱게곱게 물들어 아름다워라
예쁘고 고운 옷 먼저 입는다고
시샘하지 않고
바람 따라 먼저 떠나는 나뭇잎에게
색 고운 마음을
이별로 전하는 단풍나무는
어릴 적 엄마가 지어주신
빨강 노랑 치마 저고리 같아라

나뭇잎 떨군 빈 가지에
따사로운 햇살이 위로하고
영근 도토리 맛에 행복한 다람쥐
겨울이 찾아올 나의 보금자리에도
들녘에서 잘 자란 벼를 탈곡하여
구수한 밥을 지어 먹으며
개미네 식구가 부럽지 않은
넉넉한 겨울을 준비해야겠다

제2부

빗장을 열며

바람이 할 말이 있는가 봐요
빗장 걸린 문을 자꾸만 두드려서
나가 보아야겠습니다
아주 떠난 줄 알았는데
새벽에 다시 찾아와 문을 두드리니
알 수 없는 마음에 빗장을 열어봅니다
어수선하게 서 있는 모습
간밤에 세상을 한 바퀴 돌아서
누구의 고달픈 시름을 어깨에 매달고
슬프게 울고 있네요
빗장을 열어 맞아들이며
무거운 짐을 놓게 하여
상처 난 발을 씻겨 주렵니다
그리고 고단한 잠을 재워야겠습니다
빗장을 걸며
바람의 손을 잡습니다.

시간 여행

햇살 가득한 숲은
마음도 사랑으로 가득하여야
같이 놀 수 있다 합니다.

푸른 하늘이 맑게 내려오니
나뭇잎은 자리를 마련하고
새소리는 메아리를 가져옵니다.

나는 가져간 것이 없어
작은 솔방울 하나를 주워
손바닥 위에 놓고
시간 여행을 떠납니다.

야무지게 벌어진 틈으로
바람은 숨소리를 숨겨놓고
흔적 없이 다녀 갔지만

솔방울 속에 감춰진
시간의 비밀을 나는
끝내 찾아내지 못합니다.

고요를 깊이 들이마시며
아무것도 찾아내지 못한
시간 여행길에 방황을 하여도
파란 하늘과 햇빛과 나뭇잎의
행복한 동행으로 외롭지 않습니다.

예감

과녁을 향해 활시위를 당긴다
화살이 날아간다
눈은 과녁에 꽂혔지만
화살은 과녁을 벗어났다
삶도 사랑도 때론 이렇다

눈빛에 부드러움이 일렁이고
심장과 심장이 함께 뛰어야 하는 것
그저 바라보고 있는 것은
과녁 밖을 서성이는 생각에
시선을 주는 것

홀로 바라 본 쓸쓸함
돌아오는 길의 발걸음은 무겁기만 하고
섭섭한 마음의 무게가
발길에 차여 아프기만 하다

그랬다
과녁을 벗어났다
이별 예감

이별 예고

한 잔의 커피와 함께

적막함이 별빛처럼 흐르는 밤
한 잔의 커피를 마신다.
두 손으로 따뜻한 잔을 감싸고
조용히 눈을 감으면
가슴을 촉촉이 적시는 삶의 노래가
한 모금의 커피와 함께
틈틈이 놓아둔 징검다리를 건넌다.
여러 모양의 돌들이 인생의 무게로
흐르는 강물에 쓸리지 않기 위하여
힘겹게 버티고 있으면
따뜻한 한 잔의 커피도 때론
아픔을 달래지 못하여 가슴을 울린다.
세상을 돌아온 바람 한 줄기가
창 앞에서 애처로울 땐
나는 창문을 열어 그를 맞으며
고요의 방에 같이 앉아 긴 얘기를 나눈다.
따뜻함도 가슴을 녹이지 못하는
세상에 슬픈 얘기를 밤새 듣는다.

가을인데

누구의 가슴엔들
외로움이 없을까 가을인데
흔들리며 피워낸 들꽃이
파란 하늘 아래 눈부신 것처럼
외롭고 쓸쓸하지 않으면
깊이 숨어 흐르는
고독의 맑은 소리도 들을 수 없겠지

누구의 가슴엔들
아픔이 없을까 가을인데
찬바람에 고개드는 쑥부쟁이의 의지
한 발 내디디면 절벽
가파른 벼랑에 하얀 꽃도
시련의 삶을 이겨내고 있지 않느냐

누구의 가슴엔들
그리움이 없을까 가을인데
가을산 단풍길에 동행하는 시의 언어들
아름답고 향기로운 말들이

파란 하늘 아래 색색으로 춤추는데
내 마음엔들 그리움이 없겠느냐
왔다가 놓고 간 모든 흔적들
그것은 그리움으로 남게 되는데

저무는 들길에 이 마음을

해 저문 들길에서
가을 억새의 마음 비우는
사그락 소리를 듣는다

영혼이 별을 향하여
날아오르는 소리
비움의 소리
혼불 되어
하늘을 오를 때 나는
아름다운 소리
미리 들어보는 마지막 숨소리

모든 것 다 비우고 걸어가는 길
사그락대는 억새의 숨소리에
석양의 산 그림자도
내 그림자도 길어지고 있다

풀벌레의 시

선선한 가을 산책길에 나가면
풀벌레는 자신이 쓴 시를 들려준다
풀벌레의 시에서는 풀냄새가 나고
꽃향기도 들어 있다
한참을 머물러 들어보면
정다운 고향의 가을이 곁에 머물고
벌거벗은 동심의 냇물이 흐르고
잊고 있었던 대청마루가 생각난다
그동안 나의 삶은
얼마큼 아름다운 시가 되었던가
되돌아 보는 회상의 시간
바람의 벼랑에서 희망의 끈을 붙잡고
별을 노래하는 풀벌레의 시는
부끄럽지 않은 삶을 하늘에 매달려는 듯
긴 밤 이슬 아래서 거미줄 같이
가는 명줄의 시를 쓴다

달팽이를 생각하다

가을밤이 깊어지면
둥근 제 집의 무게보다
사유死有의 무게가 무거워
별빛 내리는 풀잎 위를
헤매는가 보다

무거운 집이 숙명의 삶이라면
허리가 휘청거리고
등이 굽어도
끝까지 참고 살아내야 했던 이유

하늘로 오르는 꿈 그리워하다
고독한 풀잎 여행을 마치고
정들었던 집에 빗장을 걸며
돌아오지 않을 습한 바람 따라
새벽길로 나섰는가 보다

아침 햇살이 찾아오기 전에
그림자 없는 길로 떠났는가 보다

먼 훗날

오랜 그리움
가슴에서만 출렁여
멀미 나는 사랑의 마음을
조용히 쌓았다가
바다에 와서 시로 쓴다

먼 훗날

갈매기 목쉰 노래와
소금에 절은
고독의 하얀 시를
다시 읽으러 올 때까지
바다여 안녕히.

까꿍 소통疏通

모두가 휴대폰에 열중인
전철 안에서
그냥 밋밋하게 앉은 나를 보며
아기가 동그란 웃음을 보내 옵니다
나도 웃으며
까꿍으로 답을 하면
금방 까르르
소리내어 웃어 줍니다
순간 꽃이 활짝 핀 것 같아요
까꿍
아. 이번에는
보름달처럼 환한 얼굴로
더 크게 웃어 주네요
우리의 마음이 통했나 봅니다
주고받는 눈빛이
푸른 하늘처럼 맑아서
아름다운 천사를 보는 것 같아
마음이 활짝 열렸습니다

까궁 까꿍
까르르 까르르

4월의 숲에서

차가운 땅에서
부활하듯 일어나
희망의 말을 하는 4월은
가지마다 연둣빛
기쁨의 불을 밝히고
자축의 향연을 벌이는 듯
아름다움도 경이롭다
심장의 박동이 빨라진다
와!
너무 좋다
살포시 다가가 안아보는
4월의 숲에선
한 발 두 발 걸음마 떼는
아기의 환한
웃음소리가 들린다

오월의 아침

감당할 수 없을 만큼
사랑을 마구 퍼 주는 오월은
코 흘리게 어릴 적
세숫대야에 비친
엄마와 나의 얼굴처럼
맑고 아름다워라

알지는 못하였지만
느껴지던 엄마의 사랑
흰 수건 턱받이 하고 눈 감으면
찰랑 물소리와 함께
아침 햇살 든 은빛 물로
세수시키는 엄마

나는 내가 너무 예뻐
거울 앞에서 행복하기만 하던
어릴 적 추억이
오월의 아침 다시 돌아와
푸르게 빛나고 있다

서현의 선물

바다를 닮아 있는
서현의 마음 같은
둥근 조가비를 가져와
나에게 주며
선물이라 말하는 아홉 살 손녀

세상 무엇에도
비길 수 없는 예쁜 마음이
여러 모양의 조가비 속에서
환하게 웃고 있다

하얀 조가비 같은
동그란 마음이
푸르게 달려와 안기면
선물의 무게가 너무 무거워
가슴을 활짝 열고
두 팔로 안아야 한다

말의 소중함을 잊어버린 날

많은 말을 들은 날은
풀어야 할 숙제도
많이 가지고 돌아옵니다

실없는 말을 많이 한 날은
날파리처럼 돌아다닐 그 말 때문에
고요 속에 새벽도 불안합니다

내가 해버린 곱지 않은 말들이
누구에게는 상처가 되고
누구에게는 허무가 되고
누구에게는 나의 본모습이 되어
평생의 낙인으로 남게 되고

말의 소중함을 잊어버린 날은
목구멍에 가시처럼
하루 종일 마음이 따끔거립니다

봄

그대가 오신다면
나뭇가지 사이로 내리는 햇살보다
빠르게 달려가
마중하고 싶습니다
오시는 길에
마른 들풀도 깨워 오소서

그대 오시는 길에
까치가 마중을 가면
환한 웃음을 띄우며
어서 오소서
머무르지 마시고
산과 들을 깨워 오소서

살얼음 아래
졸졸거리는 내를 건너서
잠자는 버들강아지
슬쩍 깨워 놓고 오소서

물은

물은 모양이 없어
어디서나 차별이 없고
겸손으로 낮게 흐른다

물이라고 아픔이 없을까
곳곳에 여울진
깊은 사연 쓸어안고
험난한 길을 지나오며
돌부리에 베인 깊은 상처
보이지 않을 뿐이지

멀고 먼 여정의 끝
바다에 와 닿으면
몇 날을 불가마 안에서
잡념을 버린
고행의 청자처럼
소금물에 제 살을 담그며
아픔을 푸르게 씻어내고 있다
물은

하루를 시작하기 위하여

하루를 시작하기 위하여
여명의 창을 여시며
온유의 미소로
손을 잡아주시는 사랑의 당신은

고단한 삶 속에서도
단단한 열매가 되라고
희망의 꽃을
가슴에 달아 주십니다

주어진 시간은
쉼 없이 가고 있고
사랑은 열매로
결실해 드려야 하는 책임이
인생길에서 바쁩니다

오차도 오류도 없는
천지만물의 사랑
당신의 사랑법을
항상 감사하게 받으며

색 곱고 튼실한
결실의 열매 되어
당신께 가고 싶습니다.

그날은

수심 깊은 강을 덮은 안개가
들녘까지 덮으면
추억하고 싶지 않은
유년의 더부살이 설움
타향까지 따라와 곁에 눕는다

오래오래 머물 수 없는
바람 같은 이승의 삶이
새벽 이슬에 젖은
나그네 봇짐처럼 무거워도
떼어 놓을 수 없는 운명이라면
손잡고 함께 가야겠지

황량한 산을 넘고
거친 바다를 건너
삶의 종착역에 도착하여
굵어진 힘줄 같은
생의 짐을 벗고

새로운 짐을 챙겨
낯선 길을 걸어가야한다
그날은

엄마의 시간 1

엄마의 손을 잡아 봅니다
언제까지나
떠나지 않을 것 같은 사랑이
여린 맥박으로 가냘픕니다

하늘 길을 가기 위하여
무거운 삶의 옷을 천천히 벗고
소지장 같이 가벼운
비움의 날개옷을 준비합니다

엄마와 함께한 오랜 시간
뒤돌아볼수록 아프고
속 썩인 투정을
사랑으로 보답하기엔
엄마의 기력은
지금 풍전등화입니다

사람들이 당부하듯 하는 말
살아 생전에 잘 해드리라는 그 말들
지금의 시간이 지나면
언제 다시 들을 수 있을까요

정인가 봅니다

당신과 나 우리들
마주 보며 웃고 있는 행복에는
추억의 바구니에 담을 정이
시들지 않기 때문인가 봅니다

만남의 소중함과 기쁨을
영원 속에 두고 살다 보면
보석처럼 빛나고
더욱 단단해지겠지요

자주 만나지 않아도 생각나면
오래된 기억을
먼지 털듯 툭툭 털면
환하게 빛나는 얼굴
그것이 우리들의 정인가 봅니다

미운 정 고운 정이
층층으로 쌓인 추억
반딧불이 나는 여름밤
모두 꺼내어 밝혀 보렵니다

엄마의 시간 2

소진된 엄마의 시간이
마른 나뭇잎처럼
바람에 흔들려서 아프고

힘없는 엄마의 숨소리가
찬서리 달빛 속
외로운 풀벌레의
연가로 구슬프네

수많은 세월
호수처럼 깊고 푸른
가슴에 고인 눈물
수문을 열듯 한의 문을 열고
다 흘러 보내야 한다

가는 실 끝에 놓인 맥박같이
잡으면 파르르 떨리는 손
엄마의 시간이
가늘어진 머리카락처럼
하나 둘 빠져 나가고 있다

배움

햇살 한 줌과
물 한 모금으로 살아가는
음지의 꽃과
모래에 뿌리를 내려
갈증을 참으며
생명이 된 나무에게서
삶을 배운다는 말을
겸손 없이 할 수 있을까

낯익은 길에서도
가끔 헛발로 넘어졌다면
탄탄한 평지의 길이라도
조심 없이 걸을 수 있을까

한 번뿐인 삶이기에
신중해야 한다고
감사해야 한다고
겸손해야 한다고

사랑해야 한다고
세상의 모든 것을
아무런 대가 없이 가르쳐 주는
세월과 함께 가면서도
인생의 깊이를
몇 살쯤에 깨달을 수 있을까

제3부

향수

우리가 재잘거리며 놀다가
들에 두고 가는
풀물 든 작은 소꿉들을
벌레들은 달그락거리며
깨끗이 설거지하고

풀벌레 소리 굴렁쇠처럼
또르르 구르며
쉼 없이 따라오는 석양길
노을빛 가득한 동구 안 들어서면
동무의 이야기도 풀벌레 노래도
싸리 대문에서 멈추어 서고

풀 향기 한가득 먹어도
꼬르록 거리는 뱃속
하얗게 피어오르는 연기는
어머니의 사랑
풀물 든 초록 가슴에
구수한 밥 냄새 가득하다

돌아갈 수 없는 길

내 생의 사계절이
한 번뿐이라는 사실을 알았을 땐
이미 가을이 지나고 겨울에 서 있다
해마다 꽃 피우고 열매 맺어 해산하는
나무의 완성을 보면서도
나무처럼 살고파 해본 적이 있었는지
지나가는 계절이 스승으로 곁에 있어도
배우려는 의지가 없어 놓쳐버린 시간
온유와 겸손과 진실에
고개 숙여 본 적이 있는지

아무렇게나 써버린 글이
낙서되어 선명하게 보이는 나이
돌아갈 수 없는 길에서
고산의 먹먹한 귀처럼 마음도 먹먹하다
삐뚤어진 발자국을 바로 놓고 싶은
간절함이 애타게 생기는 나이
껍질을 벗으며 한 살 먹는 자랑스런 나무처럼

돌아갈 수 없는 길 다시 돌아가
지난 삶의 허물을 벗겨내며
봄날의 새싹처럼 곱게 돋아 나고 싶다

개망초

엄마의 시간이
어느 덧 종착역에 다다라서
기적 소리 같은 숨소리도
여린 풀잎으로 사그락대면
시원한 바람이
초록의 산을 넘어와
풀향기 한 아름을
엄마의 창에 들여놓네

세월이 동지의 낮 시간으로
지나갈 줄 미리 알았더라면
길가에 흔한 개망초
한 다발 안겨 드릴 걸
하얀꽃 한 송이
옷섶에 달아드릴 걸
그러면 엄마는 딸에게
하얀 꽃 시를 적어
목에 걸어 주셨을 텐데

세월은 어느 덧 지나가고
아직도 끊지 못한
엄마와 나의 탯줄 사랑
어떻게 끊어 내고 먼 길을 가실까

시간

똑딱똑딱 오차 없는
시간 속에 살아가면서
속박과 구속이라 생각되어
자유롭기를 소망하였던
청춘의 한 시절 있었지

멀고 먼 인생길
주어진 책임을 위하여
열심히 산다고 살아온 날들
잘 살아 가더냐고 물어보면
시간은 침묵을 닮아 말이 없네

갚으라는 말이 없어
겁 없이 써버린 시간
돌려 달라는 말이 없어
부담 없이 써 버린 미안함
늦게서야 후회하고 있지
영원히 갚지 못할 시간에
나는 채무자가 되었고
시간은 채권자가 되었네

바람의 소식

저 거대한 바람이
좁은 창문 사이를 비집고
마구 들어서면
세상의 만고풍상도 함께
와르르 쏟아진다

지치고 힘든 세상의 소식에
가슴은 한없이 아프고

잘 익은 과일을
주렁주렁 달고 있는 나무처럼
평화와 행복을 가득 안고
저 창을 넘어 올 바람의 그 소식을
기쁜 마음으로 기다릴 날은

거제 몽돌 바다에서

어디서 왔을까
저 둥근 시간의 얼굴
어느 명암의 모퉁이를 돌아
세월의 흔적으로 남았네

바람 타고 달려와
지쳐 쓰러지는 파도
가고 오는 파도의 시간에
둥글어 해탈된 몽돌

하늘은 모난 내 성격의 모서리를
사랑의 숫돌에 갈아서
둥글게 만들어 주시고

당신과 나
서로의 허물이 보이는 곳을
믿음과 신뢰로 곱게 다듬어
아름답고 행복하게 살아간다면
해탈된 몽돌의 모습이 될까

장미

가는 허리 늘어뜨린
넝쿨장미의 붉음에
등 푸른 고등어 때의 몸부림처럼
오월이 힘차게 푸르다
유혹하지 않아도 유혹되고
부르지 않아도 다가서 있네
이미 자리한 내 안에 연민
함부로 얕보지 말라는
도도한 가시의 경고를 무시하고
손을 덥석 잡았다
찔렸다
선홍빛 붉은 피가 흐른다
사랑. 그래서 조심하라는 거야

잘난 체

눈꽃같이 하얀 벚꽃이
봄바람에 확 날리는 광경을
말 없는 사색으로 바라보시다가
"시 한 수가 절로 나오겠습니다" 하신다
아직 시집 한 권 내지 못한 어쭙잖은 나를
시인이라 생각하신 고마우신 회장님께서
인생의 연륜이 묻어 있는
수묵화 같은 시 한 수를 하얀 꽃잎 위에 놓으신다
잘난 체가 고개를 든다
꽃잎이 지고 있는 모습
그대로를 표현하는 것이 아니고요
꽃잎의 삶을 이야기해야지요

가만히 듣고 있던 꽃잎이 한마디 한다
"내 삶의 여정을 너는 아니"
그리고 안스러운듯 혀를 차며
내가 따라가지 못할 곳으로 날아가버린다
헤픈 주책이 실수를 하였다
부끄러움이 진달래 꽃잎에 가서 숨는다

묵언

가랑잎 같은 제 입에
가랑잎 무게보다 무거운
돌 하나 달아주십시오

통도사 가는 길에
세월의 나이를 가늠할 수 없는 낙락장송
지금도 묵언 중인 소나무처럼
제 입도 무거워질 수 있을까요

부처님

자비를 베풀어 주십시오
소나무의 묵언이 해제되는 그날까지
꼭 그때 까지만
제 입에 자비를 베풀어 주십시오

멀지 않아

할아버지와 아빠가
나란히 물수제비 뜨는 것을
가만히 보고 있던 일곱 살 손주
제 머리만 한 몽돌을 들어서
어깨 높이로 겨우 올리더니 멀리 던진다
발 앞에 떨어졌다
파도가 달려오다 잘못 없이 첨벙 맞았다
에게게 한참 더 커야지
바다가 한마디 하자
말없는 얼굴에 민망함이 비친다
에게게 한참을 커야지
할머니도 바다와 같은 말을 한다

푸른 바다 앞에 서 있는 어린 손주
멀지 않아 넓은 어깨로
물수제비 멋지게 뜨고 있겠지
바다를 닮은 포용과 겸손의 작은 돌 하나 들고
할아버지와 아빠보다 더 멀리

윤회

아침이 멀어지면
저녁은 가까이 다가오고
육신의 문을 닫으면
혼은 문을 열고
풍경을 흔들어 길을 찾는
바람의 옷깃을 잡고
하늘로 올라야겠지요

완성하지 못한 이승의 삶
염라대왕 문전에서
엉덩이 멍들게 얻어 맞고
윤회의 길로 돌아온
당신과 나
부창부수의 연으로
이 생을 아름답게 가꾸어
윤회로 돌아 오지 맙시다

노송

내 인생의 키는
노송의 가장 낮은 가지에서도
숨 가쁜 턱걸이를 하고

북풍한설에 휘감기고도
푸르게 살아가는 큰 힘
노송의 옹이에는
역사가 숨을 쉬고 있다

예고 없이 불어닥친
시퍼런 바람에
잔가지를 내어주며
아픔은
뼛속 깊은 곳에 간직하였다

만고풍상의 세월에 여한을 떨치고
송진 향 진득한
무념의 세월 속으로
묵묵히 걸어가는 뒷모습을
바라보기만 한다.

지금은 사랑 중

겨울이 쉽게 떠나지 못하고
미적거리는 틈으로
봄이 자리를 잡으려
조심조심 걸어오면
헐거워진 창문에
아침 햇살이 들고
나는 묵은 먼지를 쓸어 네네

반가운 사람이
예고 없이 돌아오면
기다림의 시간에 곱게 수 놓은
연분홍 진달래 돗자리
마당에 펼쳐 놓으리
개나리 노란 꽃 줄 만들어
그대 발목 묶어 놓으리
봄에 묶인 너와 나
지금은 사랑 중
역마살은 잠시 기다려 주세요

건망증

박사님하고 부르면
"응. 밥 사라고" 그 말씀을 곧 잘 하시는
임 박사님의 강의에서 배운
여러 시 중에 짧은 시 한 편을
기력 떨어진 내 머리가 겨우 붙들고
하산의 계단을 내려온다
한 달에 두 번
시 강의를 마치고 어둠이 내린 저녁
단골 할매보쌈집에 밥을 먹으러 가는 길은
삶이 모퉁이를 돌듯 우회전 좌회전 그리고 직진해야 한다
담벼락에 붙어선 나무는
골목길의 한적함에 외로움이 많은지
목을 길게 빼고 있고
길고양이 지나는 것을 잠시 보다가
외우던 시를 잃어버렸다
화들짝 놀라 고개를 들어 살펴보니
어둠은 건달처럼 주위를 어슬렁거리고
가로등은 잘못을 들켜버린 아이처럼 하얗게 질려있고
나뭇잎은 고개를 살레살레 흔들고 있다

어느새 나의 의심을 들여다 보고
훔쳐가지 않았다는 결백의 눈짓을 보내온다
제상에 올리려는 생선을
줄타기로 훔쳐먹은 고양이처럼
건망증이란 녀석이
시를 꿀꺽 삼키고 시치미를 뚝 떼고 있네
이런 도둑고양이 같으니라고

인연의 흔적

우리 인연의 흔적이
무명천에 수놓인 분홍 꽃무늬처럼
투박함 속에서도 아름답게 남아진다면
그보다 더 감사할 일은 없겠지요

어떻든 한 세상 잘 살았다고
고운 분홍 옷 한 벌도 선물로 주시고
옷고름 흐트러지지 않게
다둑거리어 곱게 입혀 주십시오

보고 싶고 그립고
아름다웠던 추억들
지나온 길에 남겨진 발자국
그대가 나를 꽃 피게 하였고
향기 고운 열매 맺게 하였습니다

내가 좋아하는 노을빛
그 언덕에서
마지막 손 흔들며

우리의 인연은 아름다웠다고
정중히 고개숙여
인사드리겠습니다
그리고 남겨진 인연의 흔적은
그대 마음대로 하시기 바랍니다

이룰 수 없는 소원

머리를 감고 거울을 보다가
서글픈 나를 위로를 한다
엉성 엉성이 어울리는 표현인지
아니면 드문 드문이 맞는 표현인지
끼어 넣을 수 없는 언어의 표현이 문제가 아니고
햇살 한 줌에도 쉽게 쓰러지는
음지의 애처로운 풀처럼
오늘도 힘없는 머리칼이
여기저기 흩어져 있다가
세월이 무심에 쓸려가는 듯
청소기 속으로 빨려가는 처량함을 본다
서글픈 생각에도 기쁨을 찾아내는
동심의 어처구니가 반짝 빛난다
마법 걸린 라푼젤의
풍성하고 긴 머리카락이 갑자기 생각나서
내 머리에도 마법을 걸어
라푼젤 같은 머리카락을 달라고
요정이든 마녀든 찾아 가고 싶은 간절함으로
휑한 머리를 위로하여 본다

기억하세요

그리울 때는
한아름 안겨준 장미꽃
향기에 질식할 것 같은 사랑
그때를 기억하세요

눈물 속에 숨어있는
외로움을 꺼내 보는 날은
지는 노을을 바라보기 위하여
의자를 마흔 세 번이나 옮긴
어린 왕자를 기억하세요

그리고
장미꽃을 선물할 때는
질투의 가시는 뽑으세요
사랑이 깊으면 깊을수록
가시도 함께 자라나고
믿음과 신뢰도 매일 다듬지 않으면
깨어진다는 것을 기억하세요

나의 시

이슬에 목을 축이는
아침 햇살
송사리 떼 흰 구름 쫓는
푸른 냇가에서도
나의 시심은 고갈되고
시는 목마르다

단비를 품은
구름 같은 시는
지금 어디에 머무는가

마르고 갈라진 마음에
촉촉이 젖어올 감성
버들잎 띄운
물 한 바가지의 시가
너무나 간절하여
시심은 애간장을 태운다

보내지 못한 편지

저 하늘에는
봉인만 하고
보내지 못한 편지
수많은 사연이
그리움으로 남았네

사랑 있는 곳에
마음 가고 눈길 가고
예쁜 꽃 한 송이 들고
하얀 뭉게구름 따라 걸으면
사랑으로 봉인된
내 편지도
하늘 높은 곳에
수줍게 걸려있네

고맙습니다

엄마의 안부를 묻는 지인에게
건강 잘 챙기고 계신다고 하니까
여든 여덟인 엄마를 백 세까지는 사시겠다고 한다
그 말을 남편에게 하니까
얼마나 좋은 일이냐고 한다

지팡이 하나에 온 몸을 의지하며
거실이 세상 전부인 양 다니시는 외로운 여행
때로는 지팡이 마저도 힘에 부친다고
지팡이를 놓아버려서
허리를 다치고 등을 다치며
피안을 향하여 오르신다
부축하여 드려도 식탁까지는 먼 거리
엄마와 잠깐의 데이트도 즐기고
함께 밥도 먹고 목욕도 시켜드리고
TV도 함께 보고
이런 모든 것이 행복이고 감사한 일
주어진 삶 편히 사시다가 하늘나라 가셔서

천상병 시인의 시처럼
아름다운 이 세상 소풍 끝내는 날
가서 아름다웠다고 말하리라……

이렇게 말씀 하셔야
저도 하나님께 꾸중을 안 듣겠지요
오늘도 엄마의 얼굴에
아기 같은 미소가 고우시다

끝없는 기다림

　1
도시락 싸 주며
정성으로 키운 손주들은 이제
제 보금자리 가꾸고 지키느라 바쁘고
바쁜 일상에 늦어지는 안부 전화
내일모레가 구순인 엄마는
기다림에 지친 마음을
학을 접듯 접어서 서랍에 넣는다
기다리면 그리움이 밀려올까 봐
그래도 가끔은
"왜 요즘은 전화가 없지"
혼자 하는 사랑은 이렇게 외롭다

　2
파란 하늘
하얀 뭉게구름을 보면
손주 생각에 쓸쓸해지는 엄마
길이 멀어 오지 못하는 손주들
한가득 뭉게구름 속에 피어나고

오후의 햇살
따뜻하게 무릎에 앉으면
아롱아롱 피어나는 그 시절 그 모습
손주들이 무릎에서 재롱부리고
엄마도 추억을 꺼내시며
예쁘고 귀여운 손주들
생각에 웃음 짓고 계시네

   3
봄바람에 살랑살랑
멀리 달아나는 어릴 적 손주 모습
힘겨운 기억이
달려가지 못하여 놓치고
먼 산에 뻐꾸기 울음소리
앞뜰까지 들어와
심란한 마음만 부추기고
그래도 그것마저 없었다면…
이제 엄마는 뻐꾸기 울음에도
쓸쓸함을 잊었다

세월이 지나도

세월이 지나도
허물어지지 않는 성벽
크고 작은 돌에
충렬의 혼이 깃들어 있는 듯
자리를 잘 지키고

파도에 구르고 굴러
둥글어 진 조약돌
아기 발 상처낼까
제 살 깎아 사랑 만들며
영원히
그렇게 살아갈 것이다

부드러운 바람
봄날의 꽃잎
아기의 웃음
고운 향기
그리고
아름다운 영혼

희망도 소망도
욕심이 되지 않기를 바라며
노을이 붉은 날개를 펴고 있는
하늘을 바라보며
조용히 기도 해야지

경솔함

사랑으로 주관 못 한
나의 이기심
실수의 한 부분
걸러지지 않는 가시랭이로
어제와 내일로 이어질
오늘의 목구멍에 걸려있고

고집인지 아집인지
양보하면 지는 것처럼
순간을 지나치지 못하고
옹졸하게 설쳤습니다

지워지지 않는 경솔함
영원히 편집할 수는 없을까요

제4부

지독한 끈기

긍정의 내면을
잘 관리한다고 하여도
하루에도 몇 번씩
부정의 가시는 돋아 나고
뽑고 나면 틈을 노리고

선의 말과 행동도
때론 불신과 위선이 되어
진심을 때릴 때
언젠가 나도 모르게
지은 업보가 아닐까 반성을 한다

뽑고 나면 또 다시 돋아나는
불멸의 지독한 끈기
나의 가시에 그대도 나도
찔리지 않기 위하여
나는 얼마큼 사랑하며 살아가야 할까

언제 다시 누려보나요

평상에 누워
아득히란 거리가 궁금하던 시절
별이 유난히 반짝이는 밤이면
동아줄이 내려오기를 기다리고
동화 속 상상의 주인공이 되는 행복
그때의 행복을 언제 다시 누려보나요

풀벌레 오케스트라 지휘자는
매일 다른 곡을 연주 시키고
시원한 바람은
맛있는 향기도 매일 다르게 가져와
한참을 놀다가 모두가 잠들면
심심하였는지 가버리고 없던
그때의 행복을 언제 다시 누려보나요

구멍 난 옷과 신발에
바람은 부끄럼 없이 드나들고
동심의 전용 목욕탕
흐르는 냇물에 첨벙거리는 소리도

버드나무에 앉은 매미가
제 목청 속으로 숨겨버리고
물질은 넉넉하지 않아도
개구쟁이들은 자연과 함께 즐겁던
그때의 행복을 언제 다시 누려보나요

밤새도록 소음이 칼날처럼 길을 달리고
열대야는 밤새워 눈을 충혈시키는 오늘밤,
자연이 스르르 잠을 재워주던 어릴적
그때의 행복을 언제 다시 누려보나요

봄이라서

당신이 봄을
이렇게 좋아하는 줄 몰랐소
매화꽃 피었다고 팔짱을 끼더니
하얀 벚꽃 아래선
당신의 얼굴이 붉어지고 있소
유채꽃 밭에선
소꿉놀이 아빠 엄마 동심이 그립다 하고
철쭉이 만발한 산에서는
갑돌이와 갑순이가 되어
숨바꼭질 놀이에 품에 안겨도 오네요
흰 머리카락에 주름까지
누가 주책이라 말하면
봄. 봄이라서 그랬다 합시다

족발 가게 아저씨

오 일만에 돌아오는 장날
구수하고 야들거리는 족발을 산다
족발 가게 아저씨는 족발을 썰면서
탄핵과 기각의 결정을 두고
나라 걱정을 계속 말하고
나는 족발에 침 튈까 봐 더 걱정이고
서로 다른 현실은 반문도 못 하고
숙련된 아저씨는
여러 부위를 골고루 썰면서도
덤으로 더 넣어 주지는 않았고
서로의 마음을 지금 모른다는 것
참으로 다른 시선의 이해관계가 불편하다
집으로 돌아와서는
잘 삶아진 족발의 맛을
맘껏 음미하며 우리는 우리의 이야기로
족발에 침이 묻어도 걱정 없이 맛있기만 하여라
다행히 아저씨의 정치 이야기는
족발에 묻어 있지 않았다

커피 한 잔의 행복

완벽한 무장을 한 겹 벗고 나니
꽃샘추위가 찾아왔다
매화꽃도 맘 놓고 있다가
하얗게 질린 듯한 오후

친구들과 점심을 먹고 난 뒤
희미해져 가는 기억을 붙잡으려고
애태우지 않는 듯한 글들이
먼 이웃처럼 벽에 띄엄띄엄 적혀있는
커피값마저 싼 카페에서
우리는 따뜻한 커피 한 잔으로
일상의 평범하고 다양한 이야기를
거리감 없이 밖으로 불러내는
당당한 나이의 주인공이 되어 있다
추위에 긴장한 햇살도
창 앞에서 귀를 기울이는 오후

자신의 찬장에 진열된 예쁜 무늬 그릇을 꺼내어
삶의 얘기들을 담아서 나오면

모두 한 젓가락씩 맛을 보며
싱겁다느니 짜다느니 맵다느니 달다느니 시다느니
그러다 골고루 잘 섞어서 오묘하면서도 입에 딱 맞는
반찬 한 가지를 만들어서 집으로 돌아간다
아마 오늘 저녁은 간이 딱 맞는 그 반찬을
예쁜 무늬 그릇에 담아
너도 나도 행복한 식탁을 차릴 것이다

이기대에서

우리가 맞이하는 초봄
피부는 예민하여
목도리로 찬바람을 막고
이기대 갈맷길 절벽에서
포진을 뚫고 돌진하는 듯한
파랑波浪의 고함 들으며
낚시를 즐기셨던 아버지를
그리워해 본다

때 이르게 찾아온 춘풍의 유채꽃
추억을 마주하듯 바라보고
그리움에 몸살 난 흰나비 한 마리
풋사랑에 일찍 깨어나
허공에 원을 그리며 날고 있는 것도 본다

이기대에 오면
대나무 낚싯대에 새우 미끼로
손바닥 크기의 고기를 잡으시던 아버지
지금 같으면 월척은 기본이실 텐데

잡념을 바다에 너무 버리셨는지
비움으로 거나하게 술 취하여 오시던
아버지 모습이 이기대 언덕배기
바위를 타고 오르는 파도처럼 밀려온다

병문안

몸이 많이 아프다
외롭고 쓸쓸하여
하늘도 아플까 하고 생각한다
하늘이 아프면
내가 병문안 갈 텐데

하늘은 나보다
더 많이 아파도
말 한마디 안 하고
참기만 하는 것일까
아이 같은 단순한 생각으로
나를 위로하며
빙그레 미소 짓는다

갑자기 창에
뭉게구름이 활짝 피었다
새하얀 구름 꽃 바구니 들고
하늘이 정말로 병문안을 왔다
그냥 생각만 했을 뿐인데

너무나 기쁘고 고마워
하늘에게 약속을 한다
하늘이 아프면
세상에서 하나뿐인
제일 크고 예쁜 꽃바구니 만들어
얼른 병문안 가겠다고

그리움이 될 잔소리

"엄마. 다녀올께요"
"옷 따시게 입고 나가거라"
한결같으신 엄마의 사랑 잔소리를 듣다가
철없는 예순의 중반이 되었네
"엄마 오늘은 늦게 들어올 것 같아요"
"배 골고 다니지 말고 뭐든 사먹고 다녀라"
딸의 짜증도 퉁명도 사랑이 되는가
엄마의 걱정엔 멈춤의 신호가 없으시다

어느 날 나의 걱정을 잔소리라며
받아들이지 않고 손사레 친 아이들
내가 엄마에게 한 짜증과 퉁명이 생각난다

이제 마음으로만 걱정하기로 하자
입을 많이 다물었다고 생각하였는데
그래도 표시가 나는지 둘째 딸이 하는 말
잔소리가 꼭 외할머니와 닮았다고 한다
평생에 버리지 못할 사랑
그리움이 될 잔소리도
넘치지 않도록 아껴야겠다

잘 닦아야겠다

바람은
곰팡이 낀 생각을
말리고
햇살은
습기찬 우울을
씻어주네

얼굴에 죽은깨를
거울에서 보듯

투명한 양심에
마음을 비추며

그릇을 깨끗이 닦듯
나의 마음을
파란 하늘처럼
잘 닦아야겠다

갈치구이

갈치의 뼈와 살을 갈라 드려도
말씀이 없으신 것으로
40여 년 전의 기억을 잊으셨는가 보다
어느 날 노안으로
갈치구이를 잡수시다가
뼈가 목에 걸려 큰 고생 하셨는데도
옛날 갈치구이의 아픈 기억마저
잊으셨는가 말씀이 없으시다

잘 구워진 갈치 꼬리 하나 들고
어스름 저녁 대문 앞에 앉아서
엄마를 기다리며 먹고 있던
세 살 손주의 애절한 모습이
엄마의 가슴에 가시로 박혀있다
먹으려면 가운데 토막을 가져다 먹지
꼬리를 먹을 게 뭐이고
엄마의 손주 사랑
가시가 목에 걸리지 않은 것이 천만다행인 건
제 목구멍의 분수를 알았기 때문이다

하나님이 도우셨네. 부처님이 보살폈네
갈치 반찬을 잡수실 때마다
숨어있는 마음의 가시가 건들려
저녁 형광등 불빛이 갈치 비늘처럼 보인다

갈치구이를 드실 때 마다
말씀하시던 눈물겨운 옛 이야기
엄마의 가슴에서도 내 가슴에서도
아프기만 하던 슬픈 가난이
세월의 담즙膽汁에
조금씩 삭아지고 있는가 보다

춘몽이었다

16층에 머무른 엘리베이터가
내려오기를 기다리는 동안
벽에 붙어 있는
거울 속에 나를 바라보다가
뒤에 서있는 아가씨의 복숭앗빛 얼굴이
거울 속에 눈부시다
참 곱고 예쁘다
나에게도 저런 때가 있었지
꽃다운 시절을
눈깜짝할 사이로 다녀왔다
멀리 걸어와 저물어 버린 길
까마득히 잊고 있었던
복숭앗빛 그때 그 시절이
분홍의 나비로 눈 앞에서 나풀댄다
인생 항로 흰 머리카락에
복사꽃이 나비로 환생하였다가
멀리 날아갔다
춘몽이었다

산책

풀잎에 이슬 머물고 있는 아침
들꽃은 해맑은 마음으로
파란 하늘 아래서 시를 쓰고 있다

내가 손대면 사라져 버리는
동그란 이슬을
어떻게 구슬 목걸이 하고
예쁘게 웃고 있을까. 들꽃은

사랑의 밤은 새벽이 빨리오고
이별의 발걸음 가슴에 매달려 더뎌라
너와 나도 이랬으면 좋으련만

이슬 머무는 들꽃에
시심詩心의 향기 가득하기만 하고
아무리 가까이 가도
이슬의 마음을 가질 수 없는 나의 시는
속절없이 애가 탄다

그래서
이슬 머무는 들꽃을 좋아하기로 했다

빈집

봉숭아꽃 아롱져 떨어지던
어느 날
주인 떠난 빈집에는
침묵만 홀로 남았네

뒤뜰의 감나무 한 그루
대문 앞 매화나무 가지에
겨울을 지낸 까치는
봄소식을 물어와 걸어두고
정든 사람을 그리워 하건만

사람의 온기 사라진 곳에
거미는 주인인 양
제 집을 여기저기 지어 놓았고
기다림의 민들레 노란 꽃잎에
봄날의 햇살이 나비와 춤을 춘다

주인 떠난 빈집은
깊은 사연을 간직하고

부서진 창으로 달빛이 스며들면
곳곳에 남아있는 지난 흔적이 쓸쓸하다
대나무는 소리내어 한 번씩 마당을 쓸고
매화 향기 은은하여 집안을 채워도
떠난 사람은 돌아오지를 않네

지나간 날이 멀어지면
철없던 시기와 교만에
연민만 쌓이고
용서받지 못한 잘못이
빈집처럼 외로울 때
새벽까지만 동행하여 줄
위로가 있었으면…
바람이 지나는 거미 집에
작은 이슬을 달고
아침 햇살을 기다릴 희망이 있었으면…

오늘 나의 마음이 빈집으로 적막하다

나만의 여백

여백에 마음을 걸어두는 것은
휴식을 하고 싶기 때문이다
하늘과 땅
나무와 나무
사람과 사람
바람도 드나들고 나비도 지나고
새들도 쉬어갈
공간을 내어 주는 것
비켜가고 비켜 줄 수 있고
서로 바라보아도
외롭지 않을 만큼의 거리
힘들고 지칠 때
위로가 될 만큼의 거리

편안한 여백
조용한 휴식
부담없는 그리움
홀로이지만 홀로이지 않은
그림자 없는 별들

그리고 월광 그 무음의 노래
나만의 여백엔
자유와 평화와 행복이 함께 살고 있다

나의 초상화

젊은 날 욕망에 돋아난
이기심의 가시가
누구와도 타협되지 않아서
홀로 방황할 때
고뇌의 발자국 남기며
묵묵히 함께 걸어간 파도가
그려 놓은 그림
깊은 고뇌로 출렁여야
젊음은 살아나는 것이라고
힘차게 달려와 그려준
무상無相의 그림 한 장

가난에 허덕이는
꿈과 이상을
바다에 던져두고 지난 세월
젊은 날의 초상화는
목적 없는 허무로 사라졌지만
변함없이 출렁이는
석양의 바다에서 나는

흰 머리카락을 쓸어 올리며
마지막 초상화를 그리고 싶다
내면의 침묵을
넓은 바다에 그리고 싶다

나무가 된다

계절마다
끌어올린 수액으로
뼈와 살이 된 나무의 진액이
나의 아픈 곳에 머무른다
가스 불에 몇 시간을 푹 고우니
짙은 갈색 제 껍질의 색으로 변하였다
쌉스레한 맛 뒤에 단 향기
이것이 나무의 맛
세월과 계절과 자연이
온 혈관을 돌아서 가슴까지 따뜻하다
모든 이에게 사랑을
끝없이 베풀어 주기를 바라는 듯
이렇게 향기롭고 온화하다

기다림

둥지를 찾아든 새의 지친 하루에
샛별은 허물없는 친구로 찾아오고

멀리 떠나 있는 친구가 그리워
어스름 저녁 바람 소리에 귀 기울이면
갈대의 노래만 쓸쓸히 들려오네

푸른 초원에 울려 퍼지던
풀벌레의 거대한 연주도 사라지고
고독한 바람 소리만 가슴을 걷고 있네

별을 바라보는 캄캄한 밤에
무소식이 길어져 근심이 되는 마음
기다림은 언제 까지여야 하나

지킴이

서산의 석양이
삶의 무게로
굳어진 어깨에
내려앉아도
아직은 놓고 싶지 않은
생의 미련

하고 싶은 일을
아직 다 못 하였기 때문인가
보고 싶은 사람을
아직 못 만났기 때문인가

석양에 길어진 그림자
앞세우고
집으로 돌아오는 길
어둠이 하늘을 다 채우면
별 하나 따라오네
생의 지킴이로

꿈이었네

하늘이 파란 날은
하늘 같은
사랑을 하고 싶다

햇살이 눈부시고
초록이
손을 흔들어서
길을 나서고 말았네

상큼한 꽃향기에
아롱아롱 취하여
예쁜 꽃이 되었네

초록의 융단 위에서
꽃을 쫓아다니는
한 마리 나비와
숨바꼭질을 하였네

깨어보니 꿈이었네

어느 마음 아픈 날

좁지도 않는 세상에서
몸 맘 비켜 갈 자리는
왜 이리도 좁은 것인지

모두 비켜가는 진흙탕에
빠져버린 믿음과 신뢰
건져 올리기가 무척 힘들구나

세상의 길에서
너와 나
아픈 부위가 서로 달라서
통증의 느낌도 다르겠지

외롭고도 먼 고독의 강을
홀로 가더라도 언젠간
낯선 길에서 만나게 될 때
서로에게 등불이 되어 줄
작은 불씨 하나는 남겨두자

잊고 있었던 시간

잊었던 시간을 찾았다
결별한 것도 아닌데
뚝 끊어진 소식
한 권의 시집 속에
고이 간직되어 있었네
산책 삼아서 다니던
정들었던 오솔길에서
꼬리를 요리조리 흔들던 강아지풀
귀엽다고 데려와
책갈피 속에 두고선 잊었다
세월 가면 잊는다 했던가
무심했던 것인가
사라져 간 추억을 알알이 간직하고
여전히 꼬리를 살랑살랑 흔들며
변함없이 반기네

너무 오랜 세월
잊고 있었던 그 오솔길
오랜만에 강아지풀 손잡고 산책을 다녀 오네

당신의 집 앞에서는

똑똑 노크하지 않아도
언제나 열려있는 당신의 집

당신의 집 앞에 서면
누가 뭐라 하지 않아도
옷매무시 같은
마음부터 가다듬고 고치게 됩니다

외모를 예쁘게 치장하였는지도
보이지 않는 양심을
잘 다듬고 가꾸었는지도
당신은 묻지 않습니다

눈부시게 아름다운
당신의 집인데도
문턱을 넘지 못합니다
오늘도 망설이다
들어가지 못하였습니다

민들레

봄이 한창인 들에
민들레 씨가
새 보금자리 찾아
엄마 품을 떠나가네

영원히
엄마와 함께
살 것이라
굳게 약속해 놓고
무조건 다 좋은
한 사람 만나서
나도
엄마 품을 떠나왔네

예쁜 내 사랑

매일
사랑과 행복을 물어오는
다람쥐처럼 예쁜 내 사랑
알 여문 행복도
속정 깊은 사랑도
가득 안고 들어와
와르르 쏟아부으면
고운 마음의 향기가
집 안 한가득

사랑에 서툴고
자격미달 엄마에게
너무나 많은
선물을 준 예쁜 내 사랑에게
고마운 마음을
전할 수 있는 지금도
행복이고 감사한 시간이다

애들아
너무너무 미안하다
너희가 준 기쁨과 사랑보다
너희의 꿈과 희망에
큰 날개를 달아주지 못하여서

노을 길을 걸어서

삶이
노을빛 끝자락에 서면
진달래 고운 색
치마저고리 갈아입고
인생이라 불렸던 그길을
돌아서서 바라보리라

어스름 땅거미가
들길을 걸어오면
삶이라는 짐을 벗어버리고
노을 길을 걸어서
별들이 손짓하는
은하수 다리를 건너 가리라

■ 해설

사랑과 기도의 깊이와 서정의 내면화

임종성(시인, 문학박사)

1.

흐르는 물 앞에 웅덩이가 있다. 물은 웅덩이를 채우며 낮은 곳을 찾아 내려간다. 그것은 그저 한낱 바닥에 움푹 파인 곳이 아니다. 낮은 곳은 채우고, 바위 같이 돌출된 것은 비껴 돌아가고, 서둘러 나서는 바람 같은 것에는 먼저 보내며 흐르는 물을 본다는 것은 생에 내재한 고통과 슬픔 같은 것을 감싸 안는 일이다.

시 쓰는 일을 흐르는 물과 비유하는 것이 가능하다면, 시를 쓰는 일과 시인이 되는 일은 흐르는 물이 되어 웅덩이를 안고 먼 길을 나서는 것과 다르지 않다.

2.

바람의 아픔을
창은 대신 울어 준다.

누구의 힘들고 고단한
삶을 보았기에
온몸으로 통곡하고 있느냐

답답한 가슴을
파고드는 아픈 소리
덜커덩 창이 우는 소리

우리가 볼 수 없는 슬픔을
홀로 본 날의 고통이여

나는 귀를 열련다
가슴도 열어야겠다

그리하여
홀로 우는 바람의 아픔을
창을 붙들고 위로해 준다「바람의 아픔 1」전문

    장자는 "바람이란 모든 것에 영향을 주는 세상(人事)을 가리킨다."고 말했다. 볼 수도 만날 수도 없는 바람은 오묘한 분위기를 자아낸다. 그래서 〈팔만대장경〉에서는 "꽃향기에 거슬러 부는 바람은 탐욕과 고통을 뜻하는 것으로 번뇌를 일으키는 것"으로 보고 있다.
    화자는 바람을 아픔으로 주체로 드러내고 있다. 〈답답한 가슴을/파고드는 아픈 소리〉는 바람의 울음소리를 창이 흔들리는 소리로 나타내는 것은 새로운 발상이다.

바람의 고통이나 울음을 창을 통해 느끼고 들을 수 있다.
그래서 〈우리가 볼 수 없는 슬픔을 /홀로 우는 날의 고통〉
으로 받아낸다. 바람을 즉물적 상상력을 통해 구상화하는
것은 받아들여진다. 바람의 아픔을 대신 앓고 싶은 심리는
단순한 감상이 아니다. 사랑하는 마음에서 비롯된 것으로
이해된다.

하늘의 문을 살며시 열고
붉게 솟아오르는
찬란한 아침 해와 손잡고
희망의 돗자리를 깔아주는
나의 사랑들아

해맑은 너희의 웃음소리가
대지를 흔들면
이슬은 잠에서 깨어나
눈부신 햇살을 들이고
풀무치 젖은 날개 사이로
부드러운 바람이 든다.

맑은 눈망울은
세상의 이치를 잘 알기에
너희의 언어는
저 높은 하늘에서만
만들 수 있는 순백의 눈처럼
흙에서만 싹틀 수 있는
봄날의 고운 씨앗이어라

작은 씨앗 하나가 새싹이 되면
산과 들은 푸르고
꽃은 아름답게 피어나
천지는 사랑의 향기로 가득하리니
잊지 말고 기억하여라
너희가 가꾸고 피워낸 사랑이
영원히 빛날 수 있도록
소중하게 가꾸어 가거라
나의 사랑아.   「나의 사랑들아」 전문

사랑은 맹목이라는 말이 있다. 사랑의 감정은 이성에 근거를 두지 않고 감정에 살을 맞대고 있다. R. M. 릴케는 산문 [말테의 수기]에서 '사랑을 받는 것은 타버리는 것/사랑하는 것은 어두운 밤만 켠 램프의/아름다운 빛, 사랑받는 것은 꺼지는 것/그러나 사랑하는 것은 긴 지속"이라 말했다.

화자는 사랑에게 〈하늘의 문을 살며시 열고/붉게 솟아오르는/찬란 아침 해와 손잡아 〈희망의 돗자리〉를 깔아 〈눈부신 햇살〉을 들이기를 바라고 있다. 그래서 〈풀무치 젖은 날개 사이로/저 부드러운 바람〉처럼 눈뜨기를 주문한다.

〈저 높은 하늘에서만/만들 수 있는 순백의 눈처럼/흙에서만 싹들 수 있는/사랑은 작은 씨앗이 되어 봄날의 고운 씨앗이어라〉고 연신 기대를 편다.

사랑은 작은 씨앗이 되어 흙속에서는 눈뜨고 줄기와 가

지로는 세상을 살피고 비로소 꽃으로 부활되기를 바라는 것이다. 사랑은 다시 찾아올 것이다. 지난 사랑이든 앞으로 나누어 가질 미래의 새로운 사랑이든, 새로운 모습으로 사랑은 나타날 것이다.

물이 첫길을 나설 때
순리와 원칙의 길 따라가듯이
시인의 첫 인사도
본심의 순수함이 주제가 되어
맑고 아름답다

하늘 전부가 새의 길처럼
정도의 길을 가는 순례자처럼
엉켜진 실을 풀어
정성으로 옷을 짜는
여인의 따뜻한 손길처럼
원인에서 결과를 보고
결과를 모아 원인을 찾아가는
시인의 깊은 사려를 본다

꽃에게 상처를 주지 않고
꿀을 따는 벌과 같이
상대의 부족함도 아프게 건들지 않고
잠시 멈추어
정리 정돈할 수 있는 시간
기다림의 미덕을 본다

> 나는 긴 시간이 걸릴 것 같다
> 완성한 청자를 품에 안은 도공의 기쁜
> 그 순간의 희열을 알기까지
> 불가마 앞에서 얼마큼 가슴을 달구 워야
> 청자빛 시인의 내공이 될까.　　「내가 만난 시인은」 전문

　사랑의 대상은 시인도 예외는 아니다. 시인이란 누구인가. 키에르케고오르는 "그 마음은 남모르는 고뇌에 괴로움을 당하면서 그 탄식과 비명이 아름다운 음악으로 바뀌게끔 돈 입술을 가진 불행한 인간이다"고 말했다. 그러나 화자가 만난 시인은 이와 전혀 다르다. 〈본심의 순수함이 주제가 되어/맑고 아름답다〉고 찬양한 때문이다.
　시인에 대한 대단한 긍정적 전언이다. [플루타크영웅전]에서 "사람들은 시인을 경시하며, 그들은 터무니없는 신화를 지어내기 위하여 인간의 자유의사를 부인하는 것처럼 생각한다'고 말한 것에 견주어 보면 시인이란 경시의 대상이나 비현실적 사람으로 매도돼서는 안 되는 것이다.
　예지의 업적엔 등한시(W.B 예이츠)하는 것은 사실일 수 있지만 화자는 〈꽃에게 상처를 주지 않고/꿀을 따는 벌과 같이〉이란 행간에 다분히 드러나 〈기다림의 미덕〉을 지니기를 바라는 것이다.
　〈청자빛 시인〉의 내공을 다짐하는 것은 아주 바람직한 정서적 자세가 아닐 수 없다.

> 하나님은 제 기도를
> 너무 잘 들어주시어
> 대상포진처럼
> 지독히 아픈 기억을
> 지워주십시오 하고 말씀드렸더니
> 모든 기억이
> 아픔인 줄 아시고
> 돌아서면 바로 지워 주신다.
> 하나님
> 제가 하늘나라 갔을 때
> 이승에서의 잘못도
> 모두 지워주시면 안 될까요.　　　　「기도1」 전문

　기도는 그것을 통해서 어둠에서 하나님을 보는 거울이다. 비록 기독교 시인이 아니더라도 시인은 누구나 기도를 많이 하는 신실한 사람이다. 〈바라는 것의 증거〉며, 〈보이지 않는 것의 증거〉를 믿는 사람이 시인이기 때문이다. 화자는 〈하나님은 제 기도를/너무 잘 들어주시어/대상포진처럼/지독히 아픈 기억〉을 통해서도 모든 기억이/아픔인 줄 아시고/돌아서면 바로 지워〉 주시는 하나님에 대한 믿음이 대단하다.
　사랑이나 새나 풀이나 나무, 온갖 짐승을 차별하지 않고 잘 사랑하는 사람이 기도하는 시인인 것이다. 큰 생명이든 작은 생명이든, 생명적 가치를 옹호하고 찬미하는 사람이 기도인인 것이다. 그저 습관적으로 지속하는 기도는 참된

기도라 할 수 없다. 만일 마음이 온유하고 맑고 깨끗하지 못하면 세속의 잡념에 붙잡혀 있다면 아무리 조아려도 기도가 아닌 것이다. 기도는 호흡이다. 호흡하지 않으면 생명이 끊기듯 기도는 절실하고 간절한 심사로 하나님을 찾는 내성의 목소리다.

고요와 이슬로
깊이를 채운
잔잔한 호수를 지나
당신께 갑니다.

한 손엔
잘못을 들고
한 손엔
회초리를 들고 갑니다

잘못을
누구 때문이라
변명하지 않게 하시고
참 사랑이 부족한
제 탓이라 말씀드리며
참회를 하게 하여 주십시오. 「기도2」 전문

화자는, 고요와 이슬로/깊이를 채운/ 잔잔한 호수를 지나/당신〉께 가는 발걸음이 기도인 것이다. 〈한 손엔/잘못을 들고/한 손엔/회초리를 들고〉 가면서 모든 잘못이 〈참

사랑이 부족한/제 탓)으로 돌리는 겸허와 참회의 다소곳한 머리 조아림이다.

> 엄마의 손을 잡아 봅니다
> 언제까지나
> 떠나지 않을 것 같은 사랑이
> 여린 맥박으로 가냘픕니다.
>
> 하늘 길을 가기 위하여
> 무거운 삶의 옷을 서서히 벗고
> 소지장 같이 가벼운
> 비움의 날개옷을 준비합니다
>
> 엄마와 함께한 오랜 시간
> 뒤돌아볼수록 아프고
> 속 섞인 투정을
> 사랑으로 보답하기엔
> 엄마의 기력은
> 지금 풍전등화입니다
>
> 사람들이 당부하듯 하는 말
> 살아생전에 잘 해 드리라는 그 말들
> 지금의 시간이 지나면
> 언제 다시 들을 수 있을까요. 「엄마의 시간 1」 전문

아우구스티누스의 [고백론]에 의지하면 과거는 영원히 정지하고 있어 과거의 현재는 기억으로 남으며 현재는 화

살처럼 날아가 현재의 현재는 직관이며, 미래는 주저하며 다가오면서 미래의 현재는 예기인 것이다. 화자는 〈하늘 길 가기 위하여/무거운 삶의 옷을 서서히 벗고/소지장 같이 가벼운/비움의 날개옷을 준비〉하고 있는 것을 드러내고 있다. 그래서 〈사랑으로 보답하기엔/엄마의 기력은/지금 풍전등화〉인 것을 안타까워하고 있다. 이러한 기도 뒤에는 천사와 다를 바 없는 손녀의 미소를 엿보는 행복도 없지 않다. 〈비길 수 없는 예쁜 마음이/여러 모야의 조가비 속에서/환하게 웃고 있다.〉 [서현의 선물]이 기다리고 있는 것은 기쁜 일이 아닐 수 없다.

천상례 시인의 처녀 시집 『바람의 아픔』에는 생애의 바람직한 의미와 가치를 내정하고, 신앙인으로서의 기도, 시와 시적인 정서 유발, 가족 사랑, 일상의 깊이와 폭이 서로 다른 길로 나서지 않고 과장이나 수식 없이 일상의 그늘을 벗어 빛을 따라가려는 심미적 의지가 다분히 들어 있다. 이미지 조작을 벗어나 삶의 진실 내용을 서정적 감각의 촉수를 켜서 내면화하는 것은 주목할 만한 결실을 낳고 있다.

천상례
바람의 아픔

인쇄일: 2017년 9월 18일
발행일: 2017년 9월 25일

지은이: 천상례
펴낸이: 최경식
펴낸곳: 도서출판 청옥문학사
인쇄처: 세종문화사

등록번호 제10-11-05호
E-mail: sik620@hanmail.net
전화: 051-517-6068

값 10,000원

ISBN 978-89-97805-62-4 03810

이 도서의 국립중앙도서관 출판예정도서목록(cip)은 서지정보유통지원시스템 홈페이지 (http://seoji.nl.go.kr)와 국가자료공동목록시스템(http://www.nl.go.kr/kolisnet)에서 이용하실 수 있습니다.(cip2017024779)

* 본 도서는 경남문화예술진흥원 선정 작품 e-나라 도움 기금으로 제작되었습니다.
* 이 책의 무단전재 및 복제행위는 저작권법에 의거, 처벌의 대상이 됩니다.